www.ingramcontent.com/pod-product-compliance
Lightning Source LLC
Chambersburg PA
CBHW042126150726
48005CB00029B/657

مُصَوِّرُ الغَابَة

تأليف: عفّت بركات

رسوم: براء العاوور

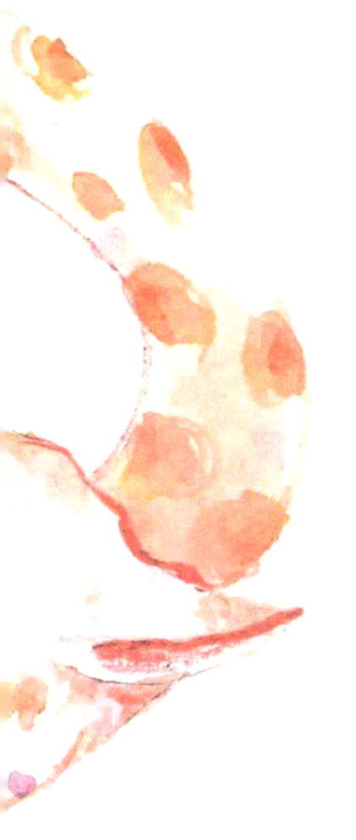

وَقَفَ القِرْدُ «رورو» مَدْهوشًا يُقَلِّبُ الآلَةَ الصَّلْبَةَ الَّتي وَجَدَها في الغابَةِ بَيْنَما كانَ يَبْحَثُ عَنْ طَعامِهِ؛ فَنَسِيَ الجوعَ تَمامًا، وانْشَغَلَ بِها.

قَلَّبَ «رورو» الآلَةَ بَيْنَ يَدَيْهِ كَثيرًا، وظَلَّ يُفَكِّرُ مِنْ دونِ أَنْ يَعْرِفَ ما هَذا الشَّيْءِ؛ فَقَرَّرَ أَنْ يَذْهَبَ إلى صَديقَتِهِ الزَّرافَةِ «رافا» الَّتي تَسْكُنُ في أَطْرافِ الغابَة.

سَأَلَ «رورو» صَديقَتَهُ عَنِ الآلَةِ الحَديدِيَّةِ الَّتي وَجَدَها في الغابَة، وطَلَبَ إلَيْها أَنْ تَبْحَثَ في مَكْتَبَتِها عَنِ اسْمِ هَذا الشَّيْءِ.

طرق استخدام الكمبيوتر في ...
مادة الكيمياء ...

كانَتْ «رافا» تُحِبُّ القِراءَةَ والاطِّلاعَ عَلى كُلِّ جَديدٍ، لَكِنَّها قالَتْ لِـ«رورو»: «هَذِهِ آلَةُ تَصْويرٍ يا رورو، رَأَيْتُها قَبْلًا مَعَ الرِّجالِ الَّذينَ يَزورونَ الغابَةَ لِإجْراءِ الأبْحاثِ عَنْ كُلِّ شَيْءٍ في حَياتِنا. لا بُدَّ أنَّها وَقَعَتْ مِنْ أحَدِهِم».

طَلَبَ «رورو» إلى «رافا» أنْ تُعَلِّمَهُ كَيْفَ يَسْتَخْدِمُ هَذِهِ الآلة؛ فَظَلَّتْ تَبْحَثُ في الكُتُبِ وتَقْرَأ، حَتّى فَهِمَت، ثُمَّ شَرَحَتْ لَهُ ما قَرَأتْه.

فَرِحَ «رورو» بِآلَةِ التَّصْوير، وشَكَرَ «رافا» ثُمَّ انْصَرَفَ مِنْ دونِ أنْ يُخْبِرَها ماذا سَيَفْعَل.

في الغابَة، راحَ «رورو» يُصَوِّرُ كُلَّ ما يَراه، وعِنْدَما سَأَلَتْهُ الدُّبَّةُ «سالي» عَمّا يَفْعَلُه، قال: «قَرَّرْتُ أنْ أُصْبِحَ مُصَوِّرًا».

دُهِشَتِ الحَيَواناتُ كُلُّها مِنْ تَصَرُّفاتِ «رورو» الغَريبَة، وانْشِغالِهِ بِالآلَةِ العَجيبَة. إذْ صارَ كُلَّ يَوْمٍ، يَتَسَلَّقُ الأَشْجارَ والصُّخورَ والجِبال، ويَقْفِزُ هُنا وهُناك، ويُصَوِّرُ الطُّيورَ والحَشَراتِ والزَّواحِفَ وكُلَّ ما يَراهُ غَريبًا.

وبَعْدَ وقتٍ قَصيرٍ، صارَ مُصَوِّرًا مُحْتَرِفًا يَلْتَقِطُ صُوَرًا عَجيبَةً.

فَرِحَتْ «رافا» لِمَهارَةِ «رورو»، لَكِنَّها طَلَبَت إِلَيْهِ أَنْ يُفَكِّرَ بِكَيْفِيَّةِ إِعادَةِ آلَةِ التَّصْويرِ إِلى صاحِبِها. فَقالَ «رورو»: «بَحَثْتُ عَنْ أُولَئِكَ البَشَرِ طَويلًا، وَيَبْدو أَنَّهُم في إِجازَةٍ. عِنْدَما يَعودونَ إِلى الغابَةِ سَأُعيدُها إِلَيْهِم».

اقْتَرَحَتْ «رافا» أَنْ يُقيمَ «رورو» مَعْرِضًا كَبيرًا لِتِلْكَ الصُّوَرِ الَّتي الْتَقَطَها في الغابَةِ، تَحْضُرُهُ الحَيَواناتُ كُلُّها لِتَفْرَحَ بِمُشاهَدَةِ تِلْكَ الصُّوَرِ. فَأُعْجِبَ بِالفِكْرَةِ، وَقَرَّرَ أَنْ يَكونَ عُنْوانُ المَعْرِضِ «**غابَتُنا**».

جَهَّزَ «رورو»، «رافا» و«سالي» الْمَعْرِض. وفي يَوْمِ الافْتِتاح، حَضَرَتِ الحَيَواناتُ كُلُّها، وشاهَدَتِ الصُّوَرَ الَّتي الْتَقَطَها «رورو»، وسُرَّتْ جِدًّا بِفِكْرَةِ الْمَعْرِض.

إلّا أنَّ الحَيَوانات، ما لَبِثَتْ أنْ شَعَرَتْ بِالضّيقِ بِسَبَبِ الأخْطاءِ الكَثيرَةِ الَّتي رَصَدَتْها عَدَسَةُ آلَةِ التَّصْوير.

فَقالَ «رورو»: «لَقَدْ رَصَدْتُ أخْطاءَنا في الغابَة، كَيْ نَسْتَفيدَ مِنْها، ونَتَعَلَّمَ كَيْفَ نُحافِظُ على غابَتِنا فَتُصْبِحُ نَظيفَةً إذا تَعاوَنّا في ذَلِك».

أَعْجَبَتِ الْحَيَواناتُ بِالْفِكْرَة، وَبَدَأَتْ تَتَعاوَنُ في وَضْعِ خُطَّةٍ لِتَنْظيفِ الْغابَةِ والْحِفاظِ عَلَيْها.

بَعْدَ حَمْلَةِ النَّظافَة، لَوَّنَتِ الْحَيَواناتُ والطُّيورُ بُيوتَها وزَيَّنَتْها وأزالَتِ الْأَعْشابَ مِنَ الدُّروبِ والطُّرُقات، وزَرَعَتِ الْوُرودَ وأشْجارِ الزّينَة.

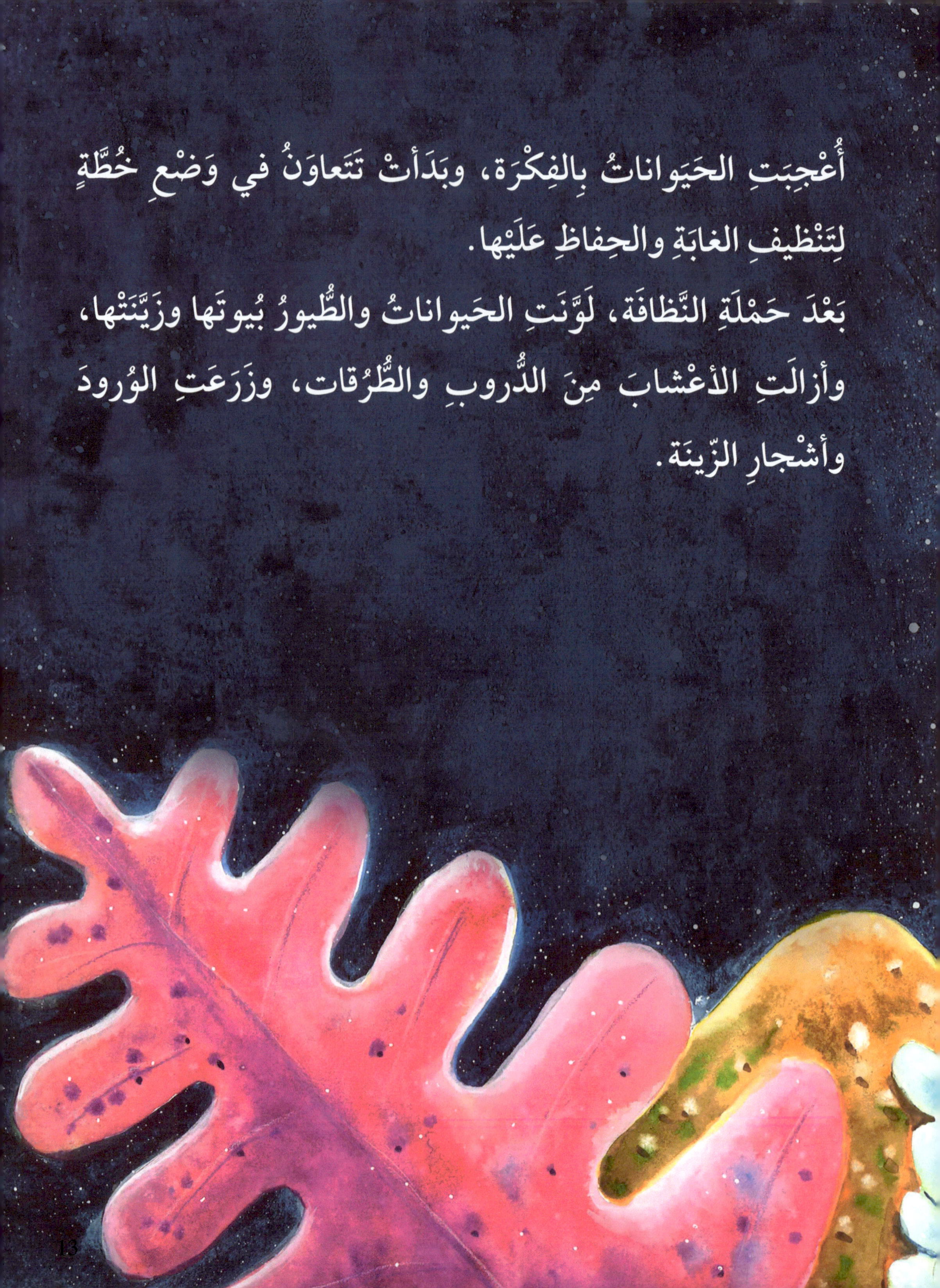

بَعْدَ أَيَّامٍ، أَعْلَنَ «رورو» عَنِ افْتِتاحِ مَعْرِضِهِ الثّاني، وحَضَرَتِ الحَيَواناتُ والطُّيورُ مَسْرورَةً، ودُهِشَتْ لِجَمالِ الصُّوَرِ الَّتي أَظْهَرَتِ الغابةَ بَعْدَما صارَتْ نَظيفَةً وجَميلَةً. كَما أَظْهَرَتِ الصِّغارَ والفِراخَ تَتَعَلَّمُ عِنْدَ الزَّرافَةِ «رافا»، وتَتَعاوَنُ في العَمَلِ واللَّعِبِ أَيْضًا، وفي لَحَظاتِ المَرَحِ الَّتي تَجْمَعُها.

صَباحَ اليَوْمِ التّالي، كانَ «رورو» يَتَسَلَّقُ الأشْجارَ كَعادَتِه،
فَرَأى طائِرًا غَريبًا بَديعَ الألْوانِ يَقْطِفُ بَعْضَ الثِّمار.

قَفَزَ «رورو» سَريعًا لِيُصَوِّرَ الطّائِرَ الجَميلَ قَبْلَ أنْ يَبْتَعِد. لَكِنَّ
الطّائِرَ حَلَّقَ عالِيًا، وسَقَطَتْ آلَةُ التَّصْويرِ مِنْ «رورو» إلى
أسْفَل... إلى أسْفَل... واخْتَفَتْ بَيْنَ الصُّخورِ والشَّجَيْرات.

بَحَثَ «رورو» كَثيرًا عَنْ آلَةِ التَّصْوير، لَكِنَّهُ لَمْ يَجِدْها. وبَعْدَ يَوْمَيْن، رَآها بَيْنَ يَدَيْ أَحَدِ الباحِثين، يُقَلِّبُها سَعيدًا بِالعُثورِ عَلَيْها، فيما راحَ يُعَبِّرُ عَنْ إعْجابِهِ بِالصُّوَرِ الَّتي كانَتْ مُعَلَّقَةً في مَعْرِضِ الغابَة.

حَزِنَ «رورو» جِدًّا لِخَسارَتِهِ آلَةَ التَّصْوير إلى الأَبَد، لَكِنَّهُ سُرْعانَ ما ابْتَسم، وأَبْدى سُرورَه لِكَوْنِ آلَةِ التَّصْوير عادَتْ إلى صاحِبِها، ولِأَنَّ الصُّوَرَ الَّتي الْتَقَطها أَعْجَبَتِ الجَميع.